EUROPE ET RUSSIE.

COUP D'OEIL

SUR

LE COTÉ MARITIME DE LA QUESTION D'ORIENT,

PAR

LE MARQUIS DE FLEURY.

PARIS,

SCHILLER AÎNÉ, IMPRIMEUR-LIBRAIRE,
Rue du Faubourg-Montmartre, 11.

1854.

EUROPE ET RUSSIE.

EUROPE ET RUSSIE.

COUP D'OEIL

LE COTÉ MARITIME DE LA QUESTION D'ORIENT,

LE MARQUIS DE FLEURY.

PARIS,

SCHILLER AÎNÉ, IMPRIMEUR-LIBRAIRE,
Rue du Faubourg-Montmartre, 11.

1854.

Nous prenons la question telle que l'a faite la rupture décidée entre la Russie et les puissances occidentales, sans nous préoccuper davantage des incidents diplomatiques qui ont précédé cette rupture. Malgré les efforts les plus persévérants pour préserver la paix, la guerre est devenue inévitable. — L'inutilité de ces efforts prouve qu'un antagonisme latent existait entre les intérêts qui vont entrer en lutte. Le but de cet écrit est de rechercher les origines de cet antagonisme et d'en pressentir les conséquences.

Pour atteindre ce but nous avons dû remonter bien au-delà de la querelle qui va se vider par les armes, et qui n'est qu'un accident dans la vaste question d'Orient ouverte depuis si longtemps devant l'Europe ; nous avons dû nous dégager des impressions actuelles et nous maintenir dans les sphères de l'impartialité la plus élevée.

Mais plus notre argumentation aura été impartiale, plus seront inflexibles les conclusions que nous en devrons tirer. Rien en effet n'est moins passionné qu'une démonstration mathématique, rien n'est plus rigoureux que ses conséquences.

Si donc nous démontrons que la Russie, en tendant vers le Bosphore, tend vers le but logique et conséquemment fatal que lui assignent ses précédents historiques, sa situation géographique, ses croyances religieuses, tous les éléments enfin qui forment le faisceau générateur de son génie ; si nous démontrons que, ce but atteint, elle compléterait sa force en réunissant une puissance militaire immense à une puissance navale égale au moins à celle du Royaume-Uni ; si nous prouvons que, par la conformation géographique des deux mers sur lesquelles elle régnerait alors en souveraine, mers dont les issues regardent l'Occident, l'expansion de cette force gigantesque se ferait nécessairement vers nous, nous aurons démontré par cela même à quels périls l'Europe se trouverait exposée.

Alors, de cette étude, en apparence plus philosophique que politique, résulteront, par voie de conséquence, des conclusions précises, d'autant plus inflexibles que la démonstration aura été plus impartiale, d'autant plus inévitables que les intérêts menacés seront plus grands.

Cet écrit ne s'adressera donc pas aux passions, il s'adressera aux intérêts menacés, il s'adressera à tous les esprits impartiaux qui, d'un bout à l'autre de l'Europe civilisée, ne se passionnent que pour les intérêts et les progrès de la civilisation.

CHAPITRE Ier.

Modifications eprouvées par la Constitution de l'Europe depuis 1815.
— Faits non prévus par les plénipotentiaires de Vienne. — Equi-
libre rompu au profit de la Russie. — Les nationalités.

A la faveur de cette longue paix, aux douceurs de laquelle le monde s'arrache avec tant de peine, de graves
modifications se sont introduites, peu à peu et d'une manière occulte, dans les différentes agglomérations for-
mées par les traités de 1815, et ont affecté profondément
la constitution de l'Europe.

A ne considérer que sa carte, aujourd'hui à peu de
chose près la même que celle que le congrès de Vienne
avait édictée, on croirait volontiers que cet équilibre des
forces que, dans sa lassitude et sa soif de repos, l'Europe
avait cherché à atteindre, subsiste encore aujourd'hui.
L'erreur serait profonde cependant.

Quarante années ne passent pas sur des agglomérations humaines, sans ajouter ou retrancher quelque chose de leur cohésion et de leur force, suivant que ces agglomérations portent en elles des éléments de décrépitude ou de vitalité.

Fécondes en résultats industriels, commerciaux, scientifiques, elles ont aussi fait surgir un fait important et nouveau qui semble devoir peser d'un poids tous les jours plus grand dans les destinées de l'Europe. Elles ont réveillé le sentiment des nationalités (1), qui tend à substituer aux démarcations tracées par la politique et la conquête, des agglomérations par affinité de langue et d'origine.

Ce fait que les plénipotentiaires de 1814 et 1815 n'avaient pas prévu a sapé leur œuvre dans sa base ; l'équilibre rêvé par eux est rompu.

Loin de nous la pensée de taxer d'incurie les plénipotentiaires de 1814. Jusqu'alors les grands États ne s'étaient fondés et accrus que par la conquête, jamais par l'u-

(1) En constatant ce fait, nous ne prétendons pas en tirer les conséquences que la révolution et le socialisme ont cherché à lui faire produire. Nous ne faisons pas autre chose que comparer l'état de l'Europe en 1854 à ce qu'il était en 1815, en signalant les causes qui ont si profondément affecté sa constitution. Si nous avions à porter un jugement, nous ne pourrions que réprouver et flétrir les exagérations démagogiques qui se sont mêlées au réveil du sentiment des nationalités, et répéter cette parole fameuse : qu'il est dans la destinée de certains hommes de compromettre toutes les causes qu'ils embrassent par leur emportement et leur fureur. Dans son *Histoire des Guerres d'idiome et de nationalité*, M. de Bourgoing dit : « Le principe de la répartition des nationalités par idiomes, est bien réellement la pensée politique dominante de notre époque, » page 7. — M. de Bourgoing le combat comme une pensée funeste ; nous nous contentons de le constater.

nité de langage (1). C'eût été rompre avec les traditions sé-
culaires de la politique que de procéder autrement qu'ils
ne firent. Mais aussi combien de faits, nouveaux alors, et
combien d'autres qu'un avenir prochain devait faire éclore,
dont l'influence n'avait jamais pu s'exercer sur la politique du monde, et qui, en se développant, devaient produire des conséquences et des effets dont nous pouvons
à peine, aujourd'hui, entrevoir le terme, et dont Dieu
seul a le secret.

Les guerres de l'Empire avaient déposé dans l'Europe
entière des germes que la paix devait féconder. Ainsi les
peuples, qu'une croisade générale avait entraînés vers
l'Occident, réclamaient déjà de leurs souverains des
droits politiques, principes d'exigences qui ne pouvaient
que grandir. — La paix, en favorisant les progrès de
l'industrie et du commerce, devait développer et multi-
plier leurs rapports. — Les communications devaient devenir de jour en jour plus faciles; — Les chemins de fer
d'une part, les steamers de l'autre, devaient effacer les
distances; — La presse devenue un besoin, même pour
les gouvernements despotiques, (2) ‌devait offrir un ac-
cès journalier et facile à toutes les aspirations qui, par
son intermédiaire, devaient reveiller des échos sur tous
les points et dans tous les cœurs. Enfin les classes moyen-
nes devaient partout se développer en richesse et en nombre, au détriment des classes privilégiées, et, circonstance plus grave encore, les classes inférieures devaient
tendre à s'éloigner de plus en plus de l'état de promis-

(1) Les *Guerres d'idiome et de nationalité*, par **M.** de Bourgoing, p. 14.

(2) Le gouvernement russe lui-même fait, sous nos yeux, de la
publicité à son point de vue.

cuité et de misère où les avait plongées l'esclavage, tandis que les échelons supérieurs, s'abaissant vers elles, s'efforceraient d'élever leur niveau intellectuel et moral.

Ainsi, l'accroissement du nombre, — la diffusion d'une éducation imparfaite , — l'expansion des aspirations par la presse, véhicule nouveau d'une incalculable puissance, — la facilité des communications, — le contact perpétuel et forcé que les progrès de l'industrie et du commerce produisaient entre les populations, parlant la même langue, placées , en regard , sur les cotés opposés d'une même frontière politique, devaient donner à des éléments, jusqu'alors passifs, une cohésion qui leur manquait et les exciter à discuter les droits de la conquête qui les avait séparées ou absorbées.

En constatant aujourd'hui ces faits sans les apprécier, nous pouvons reconnaître que leurs effets ne pouvaient alors être pressentis (1).

Ainsi la Belgique, donnée à la Hollande, devait quinze ans plus tard en secouer le joug ; — l'Irlande devait, à la voix d'O'Connel, voir se réveiller, contre le Saxon, ses antipathies religieuses et nationales ; — les tronçons de la Pologne devaient frémir convulsivement sous les

(1) Indépendamment des explosions de nationalités que la révolution de 1848 a produites, des faits plus récents , et qui émanent, non plus de l'esprit révolutionnaire, mais de l'impulsion raisonnée des grands gouvernements, attestent l'importance que le sentiment des nationalités, fondées sur la communauté de race, a pris de nos jours. Ainsi, le gouvernement de Berlin vient de déclarer aux chambres que sa conduite serait inspirée par l'intérêt de l'Allemagne. — Du temps de Frédéric, la Prusse se serait inspirée d'abord de l'intérêt prussien. Sans comparer les hommes, disons donc que les temps sont dissemblables, et que l'esprit des peuples, en se modifiant, a modifié la constitution des gouvernements.

mains des héritiers de Marie-Thérèse, de Catherine et de Frédéric; — l'Autriche, puissance formidable, à la condition d'une obéissance complaisante de la part des peuples que la force avait groupés sous le sceptre de la maison de Lorraine, devait dégénérer en un incohérent assemblage de forces, devenues antagoniques, se neutralisant réciproquement, et il nous était réservé de voir son gouvernement tenter de conjurer le danger en fondant à Olmutz un parlement libre et unitaire, véritable tour de Babel où se seraient entrechoqués les idiômes italiens, croates, hongrois, tchecques, polonais, allemands.

Comment vouloir, en effet, que des nations dont les tronçons, juxtaposés, seraient toujours sollicités à se réunir par les excitations que devaient incessamment produire chez eux les rapports de toute nature qu'engendrent, entre les Etats, les besoins de la civilisation moderne, consentissent à se repousser et à se considérer désormais comme étrangers? Ces effets de la conquête s'étaient produits plus ou moins complétement jusqu'alors, il est vrai; mais, difficiles dans tous les temps, ils le deviennent de nos jours bien davantage, et sauf quelques circonstances où les circonscriptions géographiques les secondent, en scindant quelques parcelles d'une race au profit d'une autre, il est permis de penser que les seuls liens solides entre les divers éléments d'une même puissance seront désormais les affinités tirées de la communauté d'origine et de religion. Encore faudra-t-il, dans ces rares circonstances, que, comme la Lorraine, l'Alsace, la Corse et le Roussillon, une complète fusion d'intérêts, une longue solidarité de gloire (1), aient effacé les souvenirs antérieurs, en assimilant complétement les parcelles

(1) Bourgoing

distraites à l'élément dominateur.

N'est-ce pas là ce qui a fait tomber d'une position élevée sur le monde ces paroles mémorables : « Le temps des conquêtes est passé sans retour. »

Etrange contraste ! pendant que les puissances, que le reflux de l'Europe avait précipitées sur la France, ne pouvaient profiter de ses revers qu'en déposànt plus ou moins dans leur sein quelques-uns de ces éléments d'antagonisme et de faiblesse, seule la nation vaincue restait homogène et unitaire (1). Objet de l'envie et de l'admiration des autres nations, l'unité française, fondée à travers toutes les luttes et malgré les vicissitudes que la France a tour-à-tour traversées et subies, demeurait après sa défaite aussi réelle, aussi complète que possible.

Ce n'est pas ici le lieu de rechercher comment s'est miraculeusement fondée cette unité exceptionnelle ; car on objecterait vainement aujourd'hui que les Basques, les Bretons, les Alsaciens, les Corses, les Lorrains, ne sont pas des Français. La fusion des intérêts, la solidarité de gloire, l'assimilation des droits et du langage ont effacé les souvenirs des légères divergences d'origine. Il nous suffira, en la signalant, de constater cette circonstance remarquable que, depuis l'origine de la monarchie française jusqu'à nous, le fait de sa génération s'est poursuivi et complété à toutes les époques, sous tous les gouvernements, sous l'impulsion des tendances les plus diverses, les plus opposées en apparence.

En effet, quel que soit le point de vue auquel on se

(1) L'Espagne, elle aussi, homogène de langue et de religion, devait tendre à l'homogénéité politique. Nous nous occupons ici principalement des grandes puissances entre lesquelles les traités de 1815 avaient prétendu établir un équilibre qui devait être passager.

place pour étudier l'histoire de notre pays, soit que l'on blâme ou que l'on approuve les luttes de la monarchie avec la féodalité ; soit que l'on juge Louis XI comme un tyran égoïste et sans vues, où que, réhabilitant sa mémoire, on le considère comme un réformateur prévoyant ; soit que l'on sympathise avec les parlements et les débris de la noblesse résistant aux empiétements du pouvoir royal, ou que l'on applaudisse aux échafauds élevés par Richelieu ; au spectacle de Louis XIV entrant botté, éperonné et un fouet à la main dans le parlement, puis s'écriant un jour dans son orgueil : « l'Etat c'est moi ! » soit enfin que l'on glorifie ou que l'on flétrisse les persécutions réligieuses, depuis l'effroyable guerre des Albigeois, la Saint-Barthélemy, jusqu'aux noyades de Nantes et aux trop fameux mariages républicains, on demeurera convaincu que tous les événements ont contribué à cette œuvre de l'unité française, dont, par une solidarité que l'histoire dans son impartialité doit établir, les personnages les plus divers sont devenus les instruments énergiques. Tant il est vrai, que si l'homme s'agite, c'est Dieu qui le mène, et qu'il guide l'humanité vers des destinées qu'elle peut rarement entrevoir !

Quoi qu'il en soit, cette unité est aujourd'hui aussi réelle, aussi complète que possible. Homogénéité de langage, de mœurs, de législation, tel est pour la nation française le résultat de ses labeurs passés, résultat exceptionnel dans le monde, et qui, nous le répétons, fait l'envie et l'admiration des autres nations.

Merveilleux privilége qui eût fait infailliblement de notre nation la reine du monde, si, par une compensation trop cruelle, elle n'eût pas porté elle aussi un germe de faiblesse, dans la division et l'antagonisme des partis.

Toutefois, parmi les puissances à qui la victoire avait donné l'occasion, et, disons-le, suivant les traditions politiques, le droit de disposer des peuples qu'elles avaient précipités sur nous, comme nous en avions disposé antérieurement nous-mêmes, il en est une que ces accouplements forcés ont moins affectée que les autres. Placée aux confins de l'Europe, n'ayant guère de contact avec elle que par les classes élevées de l'empire, dépourvue de communications faciles, entre des populations qui se trouvaient ainsi préservées des atteintes de ce mouvement des esprits qui, sous tant de formes, agitait le reste du continent européen, la Russie ne pouvait en subir les conséquences, bien qu'elle eût absorbé elle aussi un grand nombre de peuples distincts.

D'ailleurs, dans cet amalgame de races, de croyances et d'idiomes divers, la plupart asiatiques, ne comprenant bien que le droit de la force, toutes, sauf la Pologne, faciles au joug, ce qui faisait le nerf de sa puissance, c'était l'élément russe ou slave qui compte 40 millions d'âmes sur un total incertain de 60 à 70 millions. Cet élément, homogène par la religion comme par le langage, ambitieux par instinct et par tradition, subissant en même temps sans répugnance un pouvoir despotique, était un merveilleux et puissant instrument de domination.

Alors donc que le réveil du sentiment des nationalités modifiait profondément l'ensemble de la constitution de quelques-unes des autres grandes puissances européennes, et les affaiblissait, la Russie, immobile, accroissait sa prépondérance par cette immobilité même. Bien mieux, elle devait profiter plus tard avec une habileté singulière de ce mouvement des esprits en se posant comme le centre et noyau de la race slave, en même temps que le centre et le noyau de la religion ou plutôt du schisme grec, répandu dans tout l'Orient depuis Photius (1).

En levant l'étendard de cette double unité (qu'on nous permette cette qualification), qui répondait si bien à cette ambition séculaire qui date des aspirations grandioses de Pierre le Grand (2), la Russie se plaçait au point de rencontre des deux perspectives que lui a indiquées ce grand homme, dont l'une s'étend vers les races slaves qui avoisinent l'Allemagne, tandis que l'autre atteint ses coreligionnaires grecs sur les rives du Bosphore.

On put la voir alors protégeant d'une main les seconds dans les provinces danubiennes, comme aujourd'hui envahies au nom de traités susceptibles pour elle des interprétations les plus élastiques, tandis que de l'autre elle intervenait en souveraine en faveur des races slaves de l'Autriche aux prises avec les Hongrois (3).

Double action, qui continuait dans les faits l'application de l'idée moscovite, et plaçait dans ses mains, aux yeux de l'Europe, le drapeau du panslavisme.

Panslavisme ! mot nouveau qui s'applique à une idée ancienne et complexe, et dont le drapeau, à double empreinte, portant sur une face la tiare et sur l'autre le sceptre, répond merveilleusement aux aspirations de cette

(1) Voir l'ouvrage de M. de Fiquelmont (*Côté religieux de la Question d'Orient*).

(2) En 1702, Pierre le Grand supprima le patriarcat. Voir la note tirée de l'*Histoire ecclésiastique*, ainsi que la note de la page 26.

(3) Rapprochement singulier, et qui prouve une fois de plus combien l'esprit révolutionnaire est inconséquent. Les Hongrois, qui se soulevaient contre l'Autriche, au nom de leur nationalité, avaient commencé par décréter l'abolition des nationalités autres que la leur qui habitaient la Hongrie. Cet acte inconséquent valut une armée à l'Autriche.

2

politique qui voile son ambition, patiente et séculaire, sous le masque du zèle pour une frauduleuse orthodoxie.

Aujourd'hui que des circonstances imprévues naguère ont arraché ce masque, il importe d'examiner avec calme les développements que le panslavisme a déjà acquis ; de bien préciser ses tendances et son but; de pressentir enfin quelles pourraient être pour la liberté, pour la civilisation et pour les intérêts moraux, matériels et religieux de l'Europe, les conséquences de la satisfaction complète de ses aspirations.

CHAPITRE II.

Origine du panslavisme. — Sens et but complexes du panslavisme.

Trois races principales bien distinctes couvrent l'Eu
rope. La première, la race latine, l'aînée des deux autres
dans la civilisation, dans laquelle l'élément roman pré-
domine par ses mœurs, par ses lois, par sa religion, par
les dialectes qu'elle parle, occupe l'occident et le midi
de l'Europe, depuis le détroit de Gibraltar jusqu'aux bords du Rhin et aux Alpes tyroliennes, depuis
l'Océan jusqu'à l'Adriatique. Les Français, les Espagnols,
les Italiens, les Portugais, les Belges, sont des démembrements de cette famille commune, autrefois groupée
sous la domination romaine, et dont quelques colonies
ont été s'égarer et se perdre au milieu des populations

orientales de l'Europe, qui n'ont encore pu parvenir à se les assimiler. Dans ce groupe, la France occupe et n'a pas cessé d'occuper le premier rang.

La seconde, par rang de date, est la race germanique. Bien plus divisée politiquement et religieusement que la précédente, elle s'en distingue par l'unité de son langage et de ses mœurs, et ce n'est pas sans difficulté que l'on arrive à comprendre comment il se peut faire qu'une pareille homogénéité se soit perpétuée jusqu'à ce jour, à travers et malgré les antagonismes compliqués qu'avait développés dans son sein l'anarchie féodale du moyen-âge.

Ce groupe occupe le centre de l'Europe, il s'étend depuis les bords du Rhin jusqu'aux frontières de la Hongrie; depuis le Tyrol jusqu'à la Baltique ; il est aujourd'hui divisé politiquement en trente-sept nationalités artificielles, produits des derniers remaniements diplomatiques de l'Europe, et au premier rang desquelles apparaissent l'Autriche, la Prusse, la Bavière et la Saxe.

La troisième enfin, la dernière venue sur la scène de l'Europe, après avoir accompli sur elle-même, dans une obscurité profonde, un travail de reconstitution, se révèle tout à coup au commencement du XVIIIe siècle, inaugurant son intervention dans le système européen, par la bataille de Pultava et les merveilles de Pierre le Grand; c'est la race slave.

Ce groupe, qui occupe tout l'orient de l'Europe, subit presque tout entier la domination du czar, et c'est à peine si quelques démembrements se rattachent politiquement à la race germanique, par l'intermédiaire de l'Autriche et de la Prusse.

En dehors de ces trois grandes races, quelques nationalités distinctes se rencontrent, presque toutes sans importance, et à l'exception d'une seule, la nationalité anglaise, menacées d'absorption par l'un des grands éléments que nous venons de signaler.

A l'orient, ce sont les Turcs dont le sort va se décider par les armes, et dont la puissance, sans racines, se maintient en équilibre au milieu des convoitises européennes. Ce sont les Grecs qui, par leur religion et leur caractère, semblent devoir aisément s'assimiler aux Slaves. Au nord, les nations scandinaves déjà entamées par la Russie. Enfin, à l'occident, ce sont les Anglais, nation complexe, au sein de laquelle se sont superposés, sans se confondre, les éléments les plus divers, et que son isolement du continent européen, en favorisant sa rapide et gigantesque expansion coloniale et industrielle, a mise en position de ne se rattacher à aucune des grandes races continentales qui le couvrent, de s'affranchir de toute solidarité d'origine, et de vivre plus que tout autre de sa vie propre, à l'abri qu'elle est des atteintes de l'Europe par les flots qui la baignent, et sa supériorité maritime, résultat incontestable des événements, de sa position géographique et de son génie.

Celle des trois races principales qui réclame notre examen, en raison de son nombre, de sa cohésion, de la formidable unité de son gouvernement despotique et des dangers dont elle menace le monde, c'est la race slave à la tête de laquelle se place, en la résumant en lui seul presque entière, l'empire de Russie. Ignorée pour ainsi dire du monde civilisé jusqu'au xviie siècle, elle ne prend part aux mouvements de l'Europe que par quelques-uns de ces démembrements qui, placés aux confins de la race germanique, contractent avec elle des liens politiques et religieux. Ces démembrements sont la Pologne, la Croatie, la Bohême, la Moravie (1). Le reste de la grande famille slave, engagée dans une lutte avec les Tartares, acquiert par les nécessités mêmes de cette lutte, au sort de laquelle était attachée son indépendance, une cohésion qu'elle n'a plus perdue depuis. Ce n'est guère que vers la fin du XVIIe siècle, peu de temps après l'avénement de la dynastie des Romanofs, que, sous la puissante impulsion de Pierre le Grand, elle sortit enfin de l'obscurité où elle était plongée, pour prendre militairement, maritimement, politiquement, une place qui n'a fait que s'accroître jusqu'à ce jour. Qui ne connait les traditions ambitieuses que ce grand homme a léguées à sa patrie (2)? Qui ne sait que, par une sorte d'accord tacite entre les souverains et les boyards, ces derniers se soumettent à la domination la plus absolue, à la condition que le premier sera exclusivement dévoué au développement de la puissance russe?

Il y a moins de cent ans que la maison allemande de Holstein est sur le trône russe (3), et, sur les cinq souverains qu'elle a fournis, y compris l'empereur régnant, Pierre III (4) et Paul Ier ont perdu le trône par la violence, pour avoir oublié les conditions auxquelles il leur était donné d'exercer une tyrannique puissance; des doutes se sont élevés sur la mort du troisième; un seul, Catherine le Grand, épouse et peut-être complice de la mort de Pierre III, est demeurée jusqu'à sa mort entourée des hommages et de l'admiration de ses sujets.

(1) Voir la note contenant l'énumération des branches et rameaux de l'idiome slave.

(2) Voir la note de la page 26.

(3) Depuis 1762.

(4) Pierre III inclinait vers le lutheranisme.

Quel terrible enseignement, et quel sujet de méditation !

Mais si Catherine a su habilement exploiter, d'abord à son profit, et féconder ensuite les passions ambitieuses des Slaves ; si, plus que tout autre, elle a suivi hardiment les traditions de Pierre le Grand, elle a commis, il faut le reconnaître, une faute immense, en divisant la grande famille orientale dont les Russes devaient former le noyau, par le partage de la Pologne ; acte inique dont les conséquences n'ont cessé de peser sur la Russie comme un châtiment. Jusqu'alors le travail de reconstitution unitaire dans la famille slave s'était accompli par la force des événements, un peu aveuglément peut-être ; soit précipitation, soit méconnaissance, Catherine l'a tout à coup compromis, et l'Europe doit, nous le croyons, s'en applaudir.

Quoi qu'il en soit, cette faute a été tardivement reconnue : les soulèvements périodiques de la Pologne étaient des symptômes qui ne pouvaient échapper aux regards perçants de l'homme ambitieux et remarquable qui préside à ses destinées. Pour réparer cette faute autant qu'il était en lui, il a arboré le drapeau du panslavisme ou de l'unité slave.

En prenant l'idée du panslavisme dans son sens absolu et restreint, celui de l'unité exclusivement slave, on serait déjà effrayé du développement prodigieux de puissance que sa réalisation produirait. En effet, indépendamment des populations slaves qui sont le noyau et le nerf de sa puissance et dont le nombre, en y comprenant la Pologne, est déjà si considérable, l'Autriche, la Prusse, la Turquie possèdent aussi des populations de même origine chez qui la pensée slave a été soigneusement entretenue. La Croatie, la Bohème, la Moravie, le Montenegro (1) sont déjà ou peuvent à un moment donné devenir des foyers de slavisme ; et ce n'est pas seulement dans un but conservateur que dans la guerre de Hongrie, la Russie est intervenue les armes à la main ; il est permis de penser qu'en comprimant la nationalité magyare elle a voulu se poser aux yeux des populations bohêmes, croates et moraves, comme le protecteur, le souverain suprême, le chef et foyer de la race slave.

Mais l'idée panslave va plus loin encore : personne n'ignore comment les empereurs moscovites, associant le pouvoir religieux au pouvoir temporel, ont introduit un schisme nouveau dans le schisme de Photius, et concentré sur leur personne la double autorité du sceptre et de la tiare. Absurde prétention que celle qui tend à ériger en représentant de Jésus-Christ sur la terre, un homme que le hasard de la naissance a mis sur le trône, et qui peut n'être qu'un tyran ambitieux, dissolu et cruel ; absurde, disons-nous, si l'on admet la sincérité et la foi chez celui qui prétend se revêtir d'un semblable caractère.

Mais le but réel d'un pareil assemblage ne saurait être méconnu (2). En effet, les populations slaves, répandues à la frontière de la Germanie et de l'empire grec, ont reçu de divers côtés la lumière de l'Evangile ; mais c'est surtout de Constantinople que cette lumière a

______

(1) Les Montenegrins accourant des bords de l'Adriatique pour combattre dans les contrées danubiennes, ont montre que la pensée slave se réveille jusqu'aux régions méridionales de la Dalmatie.

(*Guerres d'idiome et de nationalité*, par M. de Bourgoing, p. 7.)

Ce qui se passe en ce moment dans le Montenegro en est une nouvelle et éclatante preuve.

(2) Voir la note tirée de l'*Histoire générale de l'Eglise*.

rayonné vers elles à travers les populations grecques ou romaines de l'empire d'Orient. Malheureusement, cette lumière s'obscurcit presque aussitôt sous la pernicieuse influence de Photius, et le schisme qui s'établit à Constantinople, en séparant cette partie de la famille chrétienne de l'Eglise universelle, devait rejeter de son sein les nouveaux adeptes qu'il avait faits sur les frontières de l'Asie.

L'expansion du schisme grec, au milieu de la race slave, ne fut donc contenue que dans les fractions de cette race qui avoisinaient la Germanie, comme la Pologne, par exemple, à qui la différence de croyance religieuse devait donner, jusqu'à nos jours, une sorte de nationalité distincte, malgré la communauté d'origine; les autres le subirent et le professent encore aujourd'hui.

Cependant, l'empire grec, après plusieurs siècles de séparation de l'Eglise latine, devait s'écrouler devant l'invasion des hordes asiatiques que conduisaient les descendants de Mahomet. Au milieu du xve siècle, la ville de Constantin, qui, depuis près de onze cents ans, était devenue le siége de l'empire, fut profanée par la conquête musulmane. L'élément turc vint se superposer à l'élément grec caduc, aveuglément livré à la passion des disputes scolastiques, et privé depuis longtemps du ressort qui maintient les nationalités.

Cette invasion, en portant le flot musulman jusqu'aux frontières de la race slave, faisait d'elle un des antagonistes immédiats et forcés de la barbarie asiatique. Nullement affaiblie par les raffinements de la civilisation antique, elle opposa une digue incessante aux envahissements des armées ottomanes, et dans les luttes que le christianisme soutint en Orient contre le croissant, elle fut l'auxiliaire précieux de la race germanique qu'elle sauva devant Vienne par les mains de Sobieski.

.,Toutefois, ces luttes devaient produire quelques effets nouveaux et remarquables. D'une part les populations grecques, qui s'étaient laissées submerger presque sans effort,. incapables qu'elles avaient été de défendre leur nationalité, plus incapables encore de la reconquérir, s'accoutumaient à tourner leurs regards vers les Slaves comme vers leurs libérateurs possibles dans l'avenir, comme vers des protecteurs dans le présent. De l'autre, les Slaves acquéraient à la fois dans cette lutte une cohésion qui devait plus tard faire leur force, et les sympathies de l'élément dégénéré qui n'entrevoyait d'espoir de salut que dans leur triomphe.

Les conséquences possibles et probables de ces faits ne pouvaient échapper à l'œil perçant de Pierre le Grand (1). Déjà de son temps, la conquête turque devenue ancienne avait enlevé aux Grecs tout ce qui, même avec le ressort qui leur manquait, eût pu servir à leur délivrance. Alors, comme aujourd'hui, pas un nom, pas une dynastie qui pût, en personnifiant la Grèce, servir de centre ou de noyau aux efforts tentés pour la tirer de l'oppression.

(1) Il est impossible de parler de la Russie et de ses tendances, sans parler de l'illustre empereur qui a été l'initiateur de son génie, sans parler de Pierre le Grand. Toutefois, nous ne prétendons faire aucune allusion à aucun document dont l'authenticité serait douteuse. Qu'il les ait consignés ou non dans un écrit, les vues de ce grand homme se manifestent par ses actes. C'est sur ses actes que nous nous appuierons. Ainsi, son enrôlement comme charpentier, dans les chantiers de la Compagnie des Indes, atteste l'importance qu'il attachait à la marine, comme son absorption du pouvoir patriarcal atteste l'importance qu'il donnait au prosélytisme religieux.

De tous ses actes réunis, sa vie entière reçoit donc une signification, qui en fait la personnification éclatante des tendances moscovites. Nous ne voulons pas dire autre chose.

Alors, comme aujourd'hui, la nationalité byzantine était morte, il ne restait plus sur le sol de la Turquie d'Europe que des chrétiens opprimés, professant comme les Slaves le schisme de Photius, qui, dans le naufrage définitif de leur nationalité première, devaient aspirer à une nationalité nouvelle, dont la foi religieuse deviendrait le lien et le ciment.

Mais pour créer cette nationalité nouvelle, il ne fallait plus, comme avant lui, recevoir la direction religieuse de cette race opprimée; il fallait la lui donner, au contraire. Il fallait que les Slaves, christianisés par les Grecs, prissent à leur tour la première place, qu'ils devinssent les fils aînés de Photius, et que le patriarcat de Constantinople, toléré par les descendants de Mahomet, et suspecté de servilité, fût éclipsé par le patriarcat de Moscou. Il fallait, en un mot, poser sur sa tête la double couronne qui symbolisait si bien les aspirations ambitieuses des Slaves réunies aux aspirations religieuses des Grecs (1).

C'est à cette double aspiration que répond l'idée du panslavisme. Après en avoir recherché à grands traits les origines, examinons les conséquences que sa réalisation produirait pour l'Europe, si, par inertie, par inattention ou par faiblesse, elle devait la tolérer ou la subir.

____

(1) Voir la note tirée de l'*Histoire ecclésiastique*.

CHAPITRE III.

Aucune puissance ne peut être prépondérante qu'à la condition
d'être à la fois militaire et maritime. — Efforts de la Russie pour
devenir puissance maritime. — La possession de Constantinople
peut seule lui donner une marine en rapport avec ses besoins et
son ambition. — En allant à Constantinople, elle ne s'affaiblirait
pas, elle se compléterait.

« Lorsque Pierre le Grand visita la France en 1717,
» il alla voir la monnaie royale des médailles. On en frappa
» devant lui de toute espèce, et on les lui présentait. En-
» fin on en frappa une qu'on laissa exprès tomber à ses
» pieds , et qu'on lui laissa ramasser. Il s'y vit gravé
» d'une manière parfaite avec ces mots : « *Pierre le*
» *Grand.* » Le revers était une renommée, et la légende :
» *Vires acquirit eundo ;* » allégorie aussi juste que

» flatteuse pour un prince qui augmentait ses mérites par
» ses voyages. » (1).

Allégorie, dirons-nous aujourd'hui, aussi juste que
frappante, pour un peuple qui apparaissait à peine alors à
l'orient de l'Europe, et qui, après cent cinquante ans de
marche, se croit déjà de force à se mesurer avec l'Europe
entière, qu'il menace sur une frontière qui s'étend des
glaces polaires aux bords du Danube.

Nous avons souvent entendu dire, et bien des gens ré-
pètent encore, que la Russie déjà trop vaste s'énerverait
par une extension nouvelle. Il faut faire justice de cette
erreur.

De notre temps la mer est devenue le grand chemin
des nations. elle sera le grand champ de bataille sur lequel
se décideront les destinées de l'humanité.

Tant qu'une puissance demeurera purement continentale, quelles que soient d'ailleurs ses ressources militaires et la fécondité de son sol, elle sera privée d'un
moyen capital de prépondérance. Dans la paix elle subira
la suprématie commerciale et conséquemment industrielle des puissances maritimes; dans la guerre elle sera
privée de ces moyens d'action si prompts, si énergiques,
que la vapeur et la mer livrent à ses rivales, et qui leur
permet de frapper loin, vite et fort.

Ce qui se passe sous nos yeux le démontre surabon-
damment.

Or qui donc ignore les efforts que la Russie a faits pour
devenir une puissance maritime de premier ordre, depuis
Pierre le Grand jusqu'à nos jours? Après avoir créé de
vastes établissements dans la Baltique, au détriment de
la Suède à qui elle a enlevé la Finlande, et de l'Allema-

(1) *Dictionnaire historique*, t. V, 1779.

gne à qui elle a pris la Courlande, elle a tourné ses vues vers l'Euxin. A peine en possession de la Crimée et de la Bessarabie, elle s'est appliquée à y fonder des ports commerciaux comme Odessa, militaires comme Sébastopol, qui devaient lui assurer la domination dans la mer Noire. En regard de cette incurie fataliste qui a été jusqu'à ce jour le caractère saillant de la domination musulmane , elle y a déployé une activité prévoyante qui devait dans peu lui assurer, à elle la nouvelle venue sur ses bords, la suprématie maritime et commerciale dans cette mer, turque depuis plusieurs siècles. Profitant des progrès des nations occidentales et se les assimilant, elle a créé avec une promptitude miraculeuse des arsenaux et un matériel naval formidables.

En 1698, le czar Pierre le Grand allait visiter la Hollande. Déguisé en ouvrier dans les chantiers de Saardam il se faisait enrôler, parmi les charpentiers de la compagnie des Indes, sous le nom de Baas Petter, c'est à dire maitre Pierre. En 1854, son successeur Nicolas peut équiper, à la fois dans la mer Noire et dans la Baltique, des flottes redoutables, qui vont entrer en lutte contre les marines réunies de la France et de l'Angleterre.

Aucun commentaire ne saurait balancer l'éloquence de ce rapprochement.

Toutefois, jusqu'à ce jour, ce développement aussi gigantesque que rapide est un peu artificiel.

En effet la seule base véritable et solide de tout édifice naval, c'est la population maritime, ces sont les matelots. Or la Russie ne possède pas une population maritime en rapport avec l'importance de ses besoins présents. Bien que fort étendues, les provinces riveraines de la Baltique ne lui peuvent fournir pour ses escadres qu'un re-

crutement très imparfait. Cernées par les glaces pendant
près de six mois, elles n'offrent pas aux marins du commerce , les seuls qui recrutent efficacement les flottes
d'un grand empire, les moyens permanents d'existence
qu'une navigation incessante leur assure dans nos mers
situées sous des latitudes plus favorisées. D'ailleurs , la
Courlande, allemande et luthérienne, la Finlande, sué-
doise et tout récemment annexée, ne renferment que des
populations plus ou moins étrangères à la race slave, par
les origines, la langue et la religion.

Dans la mer Noire, où la domination russe est encore
toute récente , le recrutement de ses escadres ne peut
s'opérer avec plus d'efficacité. En outre que, dans la
Crimée et la Bessarabie, cernées également par les glaces
durant la saison rigoureuse, la domination turque avait
tout laissé tomber en ruines, et que ses établissements
commerciaux, les seuls qui produisent une population
maritime, sont encore en voie de création, les populations, en grande partie musulmanes et ennemies de la
Georgie et du Caucase, ne lui offrent, sous ce rapport,
que des ressources négatives.

La Russie ne s'abuse pas sur ce point. Aussi les tendances de son ambition raisonnée, au fond desquelles on
retrouve toujours les vues de Pierre le Grand, la portent-
elles vers les populations grecques, actives, commerciales, nombreuses, naissant sur les bords d'une mer que
les rigueurs de l'hiver ne peuvent atteindre, ayant le
goût et le besoin de la navigation, et qui, par une circonstance qui favorise éminemment son ambition, ayant
perdu leur nationalité ancienne, tournent leurs regards
vers des coreligionnaires qui semblent seuls pouvoir les
doter d'une nationalité nouvelle.

Ainsi la Russie, devenue une grande puissance militaire, a besoin, pour se compléter, de devenir une grande puissance maritime ; mais, pour devenir une grande puissance maritime, il lui faut autre chose que du bois, du fer, du chanvre, des arsenaux, toutes choses que l'on acquiert avec de l'argent ; il lui faut ce qui est l'âme de tout matériel naval, que l'argent ne donne pas, et qui est le produit d'une population commerciale et maritime; il lui faut le marin, *le matelot*, pour nous servir de l'expression vulgaire, mais énergique. Or elle a devant ses yeux les immenses ressources (1) maritimes qu'offre la population byzantine, qui la sollicite et l'appelle, prête à s'assimiler à elle autant par affinité de religion et de caractère que par impatience du joug. Comment ne serait-elle pas invinciblement portée à l'absorber, alors qu'elle lui donnerait ce complément naturel et logique de sa force ?

Non, la Russie ne s'affaiblirait pas en s'emparant de l'ancien empire de Byzance ; elle se compléterait. — Non, elle ne s'affaiblirait pas ; car, à la puissance militaire qu'elle possède et qu'elle augmenterait encore, elle ajouterait la puissance navale qu'elle ambitionne avec raison ; comme pouvant seule assurer sa prépondérance ; — non, elle ne s'affaiblirait pas ; car les populations qu'elle absorberait, privées par la conquête musulmane des droits politiques, civils, territoriaux, et manquant de lien pour tenter de reconstituer leur nationalité exclusivement grecque, trouveraient, dans la restitution de tous ces droits, des dédommagements suffisants pour leur faire

(1) En 1838, les Grecs n'avaient encore que 3,269 navires, jaugeant ensemble 88,502 tonneaux. En 1848, ils en avaient 5,062, jaugeant ensemble 334,443 tonneaux (*Documents officiels*). Que l'on juge par cet accroissement rapide de la marine grecque, des ressources immenses qu'offrirait sous ce rapport la possession du Bosphore et de tout l'ancien empire grec.   3

ambitionner l'annexion à cette nationalité greco-russe, qui certes a bien sa grandeur.

12 millions de sujets et 200,000 matelots de plus, l'activité commerciale et maritime de la Grèce, la possession du Bosphore, la mer Noire transformée en une immense rade russe dont l'entrée serait inexpugnable, et où elle pourrait préparer sans crainte les plus formidables expéditions, tels seraient les résultats matériels et immédiats de la conquête. Ce serait la satisfaction entière des aspirations du panslavisme ; ce serait la réalisation complète et rapide de l'allégorie de Pierre le Grand : « *Acquirit vires eundo.* »

CHAPITRE IV.

Il est de l'intérêt de l'Europe entiere de ne pas laisser la Russie compléter sa prepondérance, en ajoutant à sa puissance militaire une immense puissance navale. — Ce complément lui donnerait l'empire du monde. — L'intérêt qui s'agite en Orient est donc un intérêt européen.

La question russe se pose donc devant l'Europe dans ces termes, simples, mais grandioses : ou la Russie, après avoir tendu longtemps et d'une manière occulte vers le complément naturel et logique, bien que complexe, de l'édifice panslave, l'atteindra enfin soit par la ruse soit par la force, et dans ce cas elle deviendra la plus grande puissance militaire, et en même temps la plus grande puissance navale ; et dans ce cas quel sort attend l'Europe?

Ou l'Europe alarmée enfin, à juste titre, retrécira, par

la force d'une part, de l'autre par une influence efficace et
légitime en faveur des chrétiens grecs malheureux, la
sphère d'action d'une puissance dont l'ambition est insa-
tiable et qui semble toucher à l'époque où elle n'aurait
plus de contrepoids.

Que l'on ne s'étonne donc plus des mystères de la diplomatie russe que les circonstances présentes ont révé-
lés? Qu'importe que, dans ses dépêches officielles, elle
proteste de son désintéressement, alors que ses dépêches secrètes attestent les impatiences de son ambition!
Que nous fait la contradiction qui existe entre ses affir-
mations à Paris et à Londres, quand la question des lieux
saints est terminée, et les exigences significatives, pour
le fond comme pour la forme, du prince Menchikoff à
Constantinople? Y a-t-il lieu de se préoccuper davantage
de ces contradictions et de chercher leur raison d'être?
Non certes; et quand elle viendra nous dire qu'elle aurait
pu profiter des embarras qui ont assailli l'Europe en
1848, pour satisfaire l'ambition qu'on lui suppose, nous
lui répondrons avec raison que le flot de la révolution
qui avait submergé Milan, Rome, Berlin, Pesth, Prague,
Vienne, et qui atteignait sa frontière, menaçait trop de
l'envahir elle-même, par la bouche toujours béante de la
Pologne, pour qu'elle eût la liberté d'action nécessaire
à l'exécution d'un aussi vaste dessein. Quoi qu'elle puisse
dire, le but assigné de longue date par le charpentier de
Saardam (1), par *Baas Petter*, par maître Pierre, reste
le même; le complément de sa puissance militaire par
une grande puissance navale, tel est ce but.

Aussi bien, et tout en réprouvant cependant ce que la
politique russe pourrait avoir de machiavélique dans les

(1) Voir la note de la page 26.

détails, pourquoi nous étonnerions-nous que la nation
moscovite poursuive un but semblable, dont la grandeur
est assurément faite pour éblouir et passionner une
grande nation.

Il faut savoir être juste avec ses adversaires. Est-ce donc
que la Grande-Bretagne s'est montrée, en Asie, moins
envahissante et moins ambitieuse que la Russie en Europe? Et nous-mêmes, ne touchons-nous pas encore, par
la génération qui nous précède, à cette époque glorieuse
dont la nation française a conservé le culte, et où notre
ambition s'est donné carrière sur tout le continent européen?

Sachons donc comprendre que l'ambition moscovite
cherche à se donner carrière elle aussi ; mais en nous
plaçant pour l'apprécier à ce point de vue élevé et impartial, sachons comprendre que cette ambition, à laquelle nous nous associerions sans doute si nous étions
Slaves, doit nous rencontrer comme adversaires résolus et
inébranlables en qualité d'Européens.

Tel est le secret, trop inaperçu encore, de cette alliance
imprévue entre deux anciennes rivales, entre l'Angleterre
et la France dont les étendards ne s'étaient rapprochés
jusqu'à ce jour que pour se combattre. Tel est le secret
des sympathies de l'Allemagne pour cette alliance, et des
hésitations des cabinets de Berlin et de Vienne dont les
prédilections pour le cabinet de Pétersbourg étaient si
grandes, il y a à peine une année. C'est que l'intérêt
qui s'agite en ce moment dans la mer Noire, et sur les
rives du Danube n'est pas un intérêt anglais ou français
seulement, c'est un intérêt européen.

Sans doute si l'on suppose le danger réalisé, et la Russie devenue tranquille possesseur de Constantinople et
du Bosphore, la pression qui en résulterait sur la Perse

et toutes les races asiatiques réagirait sur la presqu'île cisgangétique, et menacerait l'édifice anglais. Mais l'Autriche ne serait-elle pas tout aussi menacée, quand le bas Danube devenu moscovite irait se jeter dans une mer moscovite, et que le panslavisme, maître du Bosphore et de l'Euxin, exercerait sa puissance d'attraction, désormais insurmontable, sur les populations slaves de la Croatie, de la Moravie et de la Bohême?

Qui ne voit au contraire que cette puissance d'attraction ne trouverait à se satisfaire que par l'absortion de ces populations, et que l'Autriche et la Prusse seraient les premières victimes de sa convoitise.

Et le danger certes ne s'arrêterait pas là. Par une circonstance digne de remarque, les embouchures de ces mers sur lesquelles la Russie prétend régner en maitresse absolue sont tournées vers l'occident. C'est donc vers l'occident que ses flottes militaires comme ses flottes commerciales convergeraient par ces deux issues inévitables. Or, nous l'avons déjà remarqué, la Baltique et le nord de l'Euxin sont obstrués une partie de l'année par les glaces, tandis que les rives du Bosphore sont toujours libres. En acquérant les eôtes de la Grèce, elle acquerrait donc aussi la liberté d'action que les glaces lui ôtent, et comme sur ce point se trouverait la pépinière de ses meilleurs matelots, elle y accumulerait son matériel naval dont le Bosphore deviendrait le dépôt, lo point de départ, et l'inexpugnable arsenal.

C'est donc par la force des choses et comme conséquence des dispositions géographiques, que la Méditerranée serait toujours ouverte aux incursions de sa marine et accessible à ses agressions.

Point n'est besoin d'essayer de mettre en lumière les conséquences d'une pareille situation. Elle serait féconde en occasions de conflit, et engendrerait inévitablement avec toutes les puissances occidentales, sans exception, des luttes dans lesquelles le centre de l'Europe, la Germanie tout entière, seraient tenus en échec par des armées innombrables dans lesquelles les Grecs seraient venus s'encadrer, si même il n'était pas poussé sur les races latine et anglaise par l'élément slave prépondérant.

Chimères, dira-t-on! Hélas! il est bien vrai que les générations ne s'instruisent jamais que par leur propre expérience ; mais la nôtre devrait au moins réfléchir qu'un spectacle analogue à celui dont nous avons le pressentiment a été donné à la génération qui l'a précédée. Il y cinquante ans à peine que, par sa force d'expansion, la France a pu déborder sur les races germaniques et peser sur elles au point de les précipiter sur l'Orient et le nord de l'Europe ; et, si l'on suppose que la France eût été maîtresse de la mer comme elle était maîtresse de la terre, qui oserait dire aujourd'hui que le continent européen n'eût pas été asservi ?

Or la Russie, possesseur de l'ancien empire byzantin, réunissant à son immense puissance militaire une puissance navale incomparable, réaliserait cette domination complexe que Napoléon a cherché vainement à atteindre, par ses luttes avec l'Angleterre, et par le blocus continental ; déjà prépondérante par les armes, elle le deviendrait par ses flottes ; en un mot, elle compléterait sa force d'agression contre l'Europe, qu'elle menacerait d'asservissement.

CHAPITRE V.

Les nations conquérantes ne procedent pas toujours par des moyens honnêtes. — Chaque peuple a sa tendance fatale. — Tendance invariable de la France vers l'unité. — Tendance invariable de l'Angleterre vers l'extension de ses marchés. — Tendance invariable et fatale de la Russie vers le Bosphore. — Cette tendance est antagoniste des intérêts de l'Europe. — Ses consequences.

C'est à grands traits seulement que nous avons dû esquisser le tableau que déroulait à nos yeux ce rapide coup d'œil sur l'Europe, et sur le vaste Etat qui, à cheval sur sa frontière asiatique, et disposant d'une force militaire immense, marche incontestablement à la conquête de la force navale qui doit compléter sa puissance et assurer sa domination. A un pareil point de vue les détails disparaissent et s'effacent, ou, mieux encore, ils s'ex-

pliquent et s'éclairent par la vive lumière que jettent sur
chacun d'entre eux les enseignements qui ressortent de
la vue simultanée de leur ensemble, et qui permet de signaler, de haut et de loin, le but si patiemment et si obs-
tinement poursuivi.

Dans cette marche persévérante et habile, parfois et in-
tentionnellement ralentie, mais que la Russie a toujours
reprise à son heure, qu'importe que nous signalions des
temps d'arrêt , des déviations apparentes , des habiletés
politiques poussées comme on l'a dit naguère jusqu'à la
deshonnêteté.

Encore une fois, les nations conquérantes ne sauraient
toujours procéder par des moyens parfaitement irrépro-
chables puisqu'ils ne sont pas désintéressés. Ces nations
ont un but. Ce but c'est leur ambition, leur intérêt, leur
situation géographique, l'expansion naturelle et instinc-
tive de leurs facultés et de leurs besoins, c'est en un mot
la force des choses qui le leur assigne. En le poursuivant
elles cherchent à se compléter, voilà tout. Si, dans la re-
cherche de ce but, elles échouent, leur nationalité s'é-
croule ou ne garde plus qu'une existence nominale ; si
elles réussissent elles deviennent plus ou moins prépon-
dérantes.

La poursuite de ce but devient donc pour elles une
nécessité fatale à laquelle elles obéissent aveuglément, instinctivement, qui les porte à user de violence et de ruse,
et des moyens plus ou moins honnêtes que l'on retrouve
toujours dans le bagage historique et politique des nations
qui ont joué un rôle important dans le monde.

Tel est l'enseignement que l'histoire de tous les temps
nous donne, et ce qui se passe à l'orient de l'Europe le
confirme sous nos yeux.

Chaque peuple, en effet, a son caractère et son génie

particuliers ; mais il ne faudrait pas croire que ce caractère et ce génie se doivent révéler spontanément, ni même en dehors et à l'abri des influences que peuvent exercer une foule de causes accidentelles. Au fur et à mesure qu'une agglomération humaine fonde et agrandit son existence comme nation, on peut reconnaître ces influences, et leur assigner des causes nécessaires.

La virginité ou la superposition des races, l'ingratitude ou la fertilité du sol, la nature de ses produits, le climat, la situation géographique du pays, doivent être placés au nombre des plus infaillibles. Leur ensemble forme le faisceau générateur du génie national.

Que si l'une d'entre elles est tellement déterminée, tellement puissante qu'il ne puisse y avoir ni ambiguité sur son importance, ni antagonisme entre elle et aucune des autres, tout cède à son influence, et elle marquera le génie de la nation d'une empreinte indélébile.

Ainsi la France, nation continentale, mais cependant assise entre deux mers qui forment plus de 600 lieues (1) de ses frontières ; possédant, sur l'Océan comme sur la Méditerranée, de vastes abris naturels et des embouchures de fleuves qui peuvent suffire à tous les besoins de la navigation la plus active, a dû subir l'action alternative de cette situation complexe, et diriger successivement ses vues vers le continent ou vers la mer ; mais au milieu des circonstances les plus diverses, elle a marché invariablement vers le but que la force des choses et son génie lui assignait, et qu'elle devait atteindre sous peine de périr, à savoir : l'unité.

(1) La France, sur un développement de 613 lieues de côtes, en baigne 150 dans la Méditerranée et 463 dans l'Océan.

(*Histoire maritime de la France*, par **M.** Léon Guérin.)

L'Angleterre de son coté, grande population insulaire, au sommet de laquelle s'était superposée, par la conquête, cette audacieuse race d'écumeurs de mer, qui, au xe siècle déjà, s'était taillé une place au milieu de l'empire de Charlemagne, a dû nécessairement devenir une grande nation maritime. Les arts, les sciences, la guerre, sa religion elle-même, dont le prosélytisme a été un moyen efficace d'influence extérieure, tout a convergé, chez elle, vers un but unique, à savoir : le développement de son commerce maritime et l'extention de ses marchés.

Dans cette situation privilégiée, aucune circonstance accidentelle ne pouvait modifier en rien les tendances naturelles de son caractère et de son génie. Loin de le devancer ou de l'entraîner, ses hommes d'Etat n'ont pu que s'abandonner à son impulsion, honnête ou non, mais irrésistible.

A Dieu ne plaise toutefois que nous réprouvions les tendances meilleures que les faits nouveaux que nous avons signalés pourraient révéler. Autant que personne, nous désirons que les croisements d'intérêts, que les rapprochements fréquents et nombreux, engendrés par les besoins de la civilisation moderne, fassent la paix de plus en plus nécessaire, et, rendant la déshonnêteté politique inutile et impossible, éloignent à tout jamais le retour de l'époque des conquêtes de la force, pour lui substituer l'époque des conquêtes intellectuelles et des rapprochements naturels et pacifiques.

Mais, tout en appelant cet avenir par nos aspirations plus encore que par nos espérances, tenons compte des circonstances présentes ; examinons quels sont les intérêts qu'elles affectent, et, décidant notre conduite par cet examen impartial, sachons, sans récriminations inutiles, comme sans forfanterie et sans faiblesse, diriger nos résolutions vers la défense de ces intérêts.

Or si, d'une part, les puissances de l'Europe centrale et occidentale, emportées par le mouvement de la civilisation moderne, ont vu depuis trente ans leurs peuples agités, jusqu'à leurs dernières couches, par les tressaillements de l'esprit nouveau, qui, en modifiant profondément leur constitution et changeant leur essence, a fait luire pour elles l'époque des conquêtes pacifiques ; si, sous l'action toute puissante des faits nombreux que nous avons signalés, les races germanique et latine, sollicitées par des aspirations nouvelles vers des besoins jusqu'alors inconnus, se trouvent momentanément affaiblies par cet enfantement ; de l'autre la Russie, immobile dans son camp retranché, avec ses 40 millions de Slaves homogènes par la langue, par la religion, par l'ambition traditionnelle qui les anime, entraînant à leur suite 50 millions de satellites passifs et obéissants, ne ressentant aucun des tressaillements, n'éprouvant aucune des aspirations qui nous troublent et nous agitent, soumis à un gouvernement despotique qui cumule le pouvoir politique et le pouvoir religieux, la Russie, disons-nous, est une personnification colossale de l'époque des conquêtes de la force.

Entre l'Europe d'une part et la Russie de l'autre, dans la lutte qui s'ouvre, c'est donc l'esprit des conquêtes intellectuelles et pacifiques qui va se trouver en présence de l'esprit des conquêtes de la force ; c'est, disons-le, la civilisation et la barbarie.

Que, si l'Europe civilisée, malgré les divisions politiques qui ont morcelé les races occidentales, et les rivalités plus ou moins anciennes, plus ou moins profondes, qui ont existé entre les diverses puissances, se réunit tout entière dans le sentiment d'un péril commun pour refouler ce flot qui tend à déborder sur elle, la lutte sera courte et efficace ; la civilisation triomphera promptement de la barbarie.

Que si, au contraire, des défiances anciennes ou des erreurs d'appréciation nuisaient à ce concert des puissances menacées par le développement de la prépondérance russe, la lutte pourrait être longue ; de grandes ressources militaires, mises en action par une main despotique et énergique, au service d'une ambition nationale, et secondées par une diplomatie habile, pourraient la perpétuer, et substituer peut-être à une guerre que l'union de l'Europe rendrait locale une guerre universelle sur un champ de bataille qui s'étendrait de la Baltique à la Méditerranée.

Et si, après cette lutte, la barbarie devait triompher, si la double nationalité greco-slave devait se constituer et compléter ses forces, alors commenceraient pour l'Europe des dangers comme elle n'en a jamais connus.

De ces deux mers dont les issues sont incessamment tournées vers elle, on ne saurait trop le remarquer, poussées par le double fanatisme des croyances religieuses et de la conquête, servies par toutes les ressources que la science moderne a mises à la disposition des nations maritimes, associant à une population de plus de 80 millions de sujets (1), une population de matelots égale à celle du Royaume-Uni, cumulant ainsi dans la même main la puissance militaire de Napoléon et la puissance navale de l'Angleterre, la Russie pourrait à tout instant

(1) Aux 70 millions de sujets russes auxquels on porte la population de l'empire, il faudrait ajouter les 12 millions de Grecs de la Turquie.

vomir sur l'Occident des masses innombrables qui vien-
draient faire chez nous, à son profit, ce que nos soldats
vont faire chez elle, en ce moment, dans l'intérêt de la
civilisation. Alors, cette immense ligne de bataille que
nous offre la frontière de ce vaste camp retranché, héris-
sée de baionnettes, qui s'étendrait de Cronstadt à Constantinople, aurait sa droite appuyée sur la Baltique et sa
gauche sur le Bosphore, tandis que sa marine prépondérante viendrait, avec le secours de la vapeur, prendre à
revers les forces désunies et devenues impuissantes de
la vieille Europe. Fille de la civilisation moderne, la
science verrait ainsi se retourner contre sa mère les plus
belles de ses découvertes. L'orthodoxie greco-slave, si
scrupuleuse et si pleine de sollicitude pour des coreligionnaires qu'il s'agit de s'assimiler, mais si oppressive
quand elle a conquis, comme l'attestent ses persécutions
en Pologne, menacerait les croyances religieuses de
de l'Europe comme elle opprimerait ses intérêts matériels.

Telle est la perspective tristement grandiose que le
succès décidé de la Russie en Orient pourrait nous ouvrir.

Ainsi donc, selon nous, la Russie marche à l'accom-
plissement des desseins de l'illustre charpentier de Saardam, qui lui a indiqué d'une main si sûre où devait être
le complément logique de sa force, et, sans nous ar-
rêter à la nature des moyens employés, nous dirons
qu'elle obéit à sa tendance naturelle, qu'elle suit l'impulsion de cette aspiration intime qui caractérise son génie;
nous dirons qu'elle ne peut faire autrement sans donner
un démenti à sa nature.

Mais nous ajouterons que l'intérêt de la grandeur moscovite est nécessairement contraire à celui de l'Europe;
que la satisfaction de cet intérêt compromettrait tout ce

qui fait la grandeur et la gloire de la civilisation, et qu'il est du devoir le plus impérieux de l'Europe de s'y opposer.

Europe et panslavisme, tels sont les deux termes de la question redoutable qui va se décider par les armes.

C'est cette conviction sans doute qui inspire et qui cimente l'alliance anglo-française, et qui attirera, nous en avons l'espérance, les puissances germaniques. Cette alliance, en faisant reculer le panslavisme, le frapperait au cœur et sauverait l'Europe plus encore dans l'avenir que dans le présent. La désunion et l'aveuglement de l'Europe pourraient seuls assurer son triomphe.

CONCLUSIONS.

De cette étude pour laquelle nous nous sommes efforcés de nous maintenir dans les sphères de l'impartialité les plus élevées, il nous reste à tirer des conséquences pratiques. Mais, en descendant des hauteurs d'où la vérité apparaît d'autant mieux que l'on s'associe moins aux animosités développées par les incidents diplomatiques, les conclusions auxquelles on arrive doivent être d'autant plus précises et mathématiques, elles doivent acquérir d'autant plus d'autorité que l'étude a été plus impartiale et plus dégagée des préoccupations du moment.

L'équilibre européen, établi par les traités de 1815, est rompu, au profit de la Russie.

Le réveil du sentiment des nationalités qui a agité et ébranlé plusieurs des autres grandes puissances, lui a été plus favorable que nuisible.

Par le panslavisme, dont elle a arboré le drapeau, elle vise d'une part à l'assimilation des populations byzantines, de l'autre à l'attraction et à l'absorption des autres rameaux de l'arbre slave.

Cette double tendance lui est imposée par la nature des choses ; elle ne peut se compléter qu'en la satisfaisant. — Elle marche donc instinctivement et fatalement à ce résultat.

Si elle l'atteint, elle réalisera au plus haut degré les deux conditions essentielles de prépondérance et de domination, elle cumulera la puissance militaire de Napoléon et la puissance navale de l'Angleterre.

Si elle l'atteint, l'Autriche et la Prusse qui règnent sur des populations slaves d'origine seront directement menacées par le flot du panslavisme, et deviendront les premières victimes de sa convoitise ; les races germanique et latine divisées seront menacées ; de la mer Noire, devenue une rade russe inexpugnable, elle pourra vomir sur l'Occident, avec le secours de la vapeur, des escadres qui iront frapper loin, vite et fort.

Si elle l'atteint, toutes les conquêtes de la civilisation européenne, tout ce qui fait notre grandeur et notre gloire, notre indépendance matérielle et nos croyances

religieuses, nos plus chers intérêts seront menacés par une race encore barbare, soumise à un pouvoir despotique, et poussée par le double fanatisme des croyances religieuses et de la conquête.

L'intérêt qui s'agite en Orient est donc un intérêt européen, et non un intérêt anglais ou français.

L'Autriche et la Prusse, mais principalement l'Autriche, seraient plus menacées encore que l'Angleterre et la France par le complément de la puissance russe et le développement du panslavisme.

La race germanique, moitié catholique moitié luthérienne, morcelée en plus de trente nationalités politiques distinctes, serait sans force contre le panslavisme greco-russe uni par le double ciment de la race et de la religion.

La race latine formant le fond des nations occidentales, mais si divisée elle-même, serait impuissante à le contenir.

Tels sont les enseignements !

Il est du devoir de l'Europe entière de s'opposer inflexiblement au développement de la puissance russe.

Telles sont les conclusions !

Pour nous Français qui, dans cette occasion solennelle, avons eu l'honneur de lever les premiers le drapeau de l'intérêt européen, il ressort des circonstances présentes un enseignement spécial que nous devons soigneusement recueillir: C'est que, dans nos sociétés modernes, aucune nation ne pourra être efficacement prépondérante qu'à la condition de compléter sa force militaire par une grande force navale.

NOTE 1.

ÉNUMÉRATION

DES BRANCHES ET RAMEAUX DE L'IDIOME SLAVE.

La grande famille des langues slaves se divise, d'après Joseph Safarik, en deux branches principales, savoir :

1º Le *slave oriental*, comprenant le russe, le ruthénien, le bulgare, le serbe, le slovène et le croate. Le russe est parlé par la plus nombreuse des nations slaves, qui se compose de 35,000,000 âmes. Cet immense empire de Russie renferme un très grand nombre de nations différentes; mais on trouve dans toutes ses parties, depuis le Nieper jusqu'aux frontières de la Chine, sur les rives de l'Irtisch et de la Selenga, des Russes parlant, sans aucune différence, la langue de Saint-Pétersbourg et de Moscou. La langue russe est la plus harmonieuse et la plus douce de toutes les langues slaves. Le bulgare est peu différent du serbe; quant au serbe, au croate et au slovène, ils se rapprochent encore davantage l'un de l'autre. On comprend ces trois langues sous la dénomination générale d'illyrien ou de serbe. Le bosniaque n'est pas une langue distincte. La Bosnie est une division politique, ou plutôt une circonscription administrative de la Serbie. En Bosnie, il existe des musulmans, mais ce sont des Slaves ayant embrassé l'islamisme et parlant toujours plutôt le serbe que le turc. Le patriotisme des Serbes repousse cette dénomination d'Illyriens, qui est un mot venant des Romains et n'ayant aucun rapport avec le slave.

J'ai en conséquence adopté le nom de *serbe* pour désigner les langues slaves parlées depuis le Danube jusqu'à la mer Adriatique.

Les Bulgares disent que leur langue se rapproche plus que toute autre de l'ancien slave, qui s'écrit avec un alphabet particulier. L'ancien slave est la langue liturgique de toutes les populations slaves qui professent la religion grecque. Apriloff, archéologue bulgare, résidant à Odessa, a établi par des documents authenthiques, que les premiers apôtres de l'église slave du rit grec, Méthode et Cyrille, qui ont fait en slave une traduction de la Sainte-Ecriture, étaient Bulgares du rit oriental. Un fait assez curieux, c'est que l'Evangile, conservé à Reims, et sur lequel les rois de France prononçaient leur serment lors du sacre, est un vieux manuscrit slave. Ce fut le czar Pierre-le-Grand qui, lors de son passage par Reims, en 1717, fit connaître au clergé de la cathédrale l'origine de ce livre vénéré.

2° *Le slave occidental*. Il comprend le polonais, le bohême ou tchèque, le moravien, le slavaque, et le lusacien ou wende, qui se parle dans un district du royaume de Saxe.

(M. de Bourgoing, Guerres d'idiome et de nationalité.)

NOTE II.

Nous avons déjà dit que l'autorité croissante du patriarche de Moscou avait excité, même sous le rapport politique, la jalousie de Pierre-le-Grand, dans ce sens, du moins, qu'il pouvait craindre que ce dignitaire ecclésiastique ne s'opposât aux volontés arbitraires de la puissance souveraine du czar. Il songea donc à supprimer le patriarcat, et à lui substituer une organisation ecclésiastique qui l'entraverait moins *dans l'exécution de ses plans*. Le czar fut d'autant plus adroit que la prédilection du peuple pour la constitution patriarcale rendait l'entreprise difficile. Après la mort du onzième patriarche (1702), Pierre-le-Grand différa d'abord, sous toutes sortes de prétextes, la nomination du successeur, et remit l'administration du patriarcat entre les mains du métropolitain de Rosan, qui, comme simple exarque, n'avait ni la considération, ni la plénitude d'autorité du patriarche. Cette ombre de pouvoir patriarcal dura vingt ans. Le czar, prit pendant cette période, les dispositions les plus arbitraires en matière ecclésiastique ; il imposa les biens des couvents et des évêques, abolit les titres et les dignités de plusieurs évêchés qui lui portaient ombrage, et, à la vacance de ces siéges, prescrivit à l'exarque d'y nommer de simples évêques, dont il restreignit de toutes façons les prérogatives pastorales. Bientôt après il porta sa main puissante sur la réforme des couvents d'hommes et de femmes, comme l'atteste toute une série d'ordonnances depuis 1702. Puis vint le tour du clergé séculier : le czar dressa, de sa propre main, 26 articles réglementaires, et adressa, *en sa qualité d'évêque suprême*, une instruction pastorale aux évêques, prescrivant les qualités exigibles pour l'ordination, la consécration, etc. . . . . . .

. . . .

. . . .

Le czar habitua, par ces dispositions arbitraires, le clergé et le peuple à reconnaître, avec une obéissance passive, sa toute puissante volonté, et parvint ainsi à abolir peu-à-peu la dignité patriarcale. Il déclara enfin, dans une assemblée solennelle des évêques, qu'il ne voyait ni la nécessité du patriarcat pour le gouvernement de l'Eglise, ni son utilité pour l'Etat; qu'il était résolu à introduire une nouvelle forme d'administration ecclésiastique qui tiendrait le milieu entre le gouvernement d'un seul individu et un concile général; qu'il y aurait donc désormais un petit *concile choisi et permanent* (synode), auquel serait confié le soin des affaires ecclésiastiques. Quelques évêques lui ayant représenté que le patriarcat de Kiew et celui de toute la Russie n'avaient été érigés qu'avec le consentement du patriarche d'Orient, le czar répéta d'un ton dictatorial, en se frappant la poitrine « Voici votre patriarche ! »

. . . . , . . .

. . . .

La création du synode acheva de rompre le lien qui unissait l'Église de Russie à l'Église d'Orient. Tout s'y passa au gré de la politique du czar, seul mobile des actes de l'assemblée. Les successeurs de Pierre-le-Grand trouvèrent sa politique excellente, y persévérèrent, et la servitude la plus complète de l'Église russe, l'absence de toute influence morale sur les fidèles, en furent les tristes et inévitables résultats (1).

(1) *Histoire universelle de l'Eglise*, par Jean Alzog, traduite sur la 5ᵉ édition, par J. Goschler et C.-P. Audley, tome III, pages 399 à 402.

Paris. — Impr. de Schiller aîné, Faubourg-Montmartre, 11.

www.ingramcontent.com/pod-product-compliance
Lightning Source LLC
LaVergne TN
LVHW010326030726
842520LV00004B/1299